Klett

10-Minuten-Training

Latein Grammatik

Verben konjugieren

1./2. Lernjahr

Kleine Lernportionen für jeden Tag

Johanna Kunder, Rainer Nickel, Maria Anna Söllner

Klett Lerntraining

Autoren:

Johanna Kunder
Kapitel 1: Tipp S. 6; Aufgabe 1
Kapitel 2: Tipp S. 13, 15, 18, 27; Aufgabe 15, 19, 21, 27, 32, 34, 36

Rainer Nickel
Kapitel 2: Aufgabe 6, 7, 29, 33, 39
Kapitel 4: Aufgabe 2

Maria Anna Söllner
Kapitel 1: Aufgabe 2, 3
Kapitel 2: Tipp S. 8 10, 12, 17, 19, 20, 22, 23, 26, 28, 29, 30, 32, 34, 35; Aufgabe 1–5, 8–14, 16–18, 20, 22–26, 28, 30, 31, 35, 37, 38, 40–46
Kapitel 3: Tipp S. 36, 37, 38, 40, 42, 44, 46, 47, 49; Aufgabe 1–19
Kapitel 4: Tipp S. 51, 52, 53; Aufgabe 1, 3, 4
Kapitel 5: Tipp S. 55, 56, 57; Aufgabe 1–6

Bibliografische Information der Deutschen Nationalbibliothek
Die Deutsche Nationalbibliothek verzeichnet diese Publikation in der Deutschen Nationalbibliografie; detaillierte bibliografische Daten sind im Internet über http://dnb.dnb.de abrufbar.

3. Auflage 2021

www.klett-lerntraining.de; kundenservice@klett-lerntraining.de

Umschlagfoto: www.thomas-weccard.de
Layout und Satz: tebitron gmbh, Gerlingen
Druck: Plump Druck & Medien GmbH, Rheinbreitbach
Printed in Germany
ISBN 978-3-12-927547-4

Inhaltsverzeichnis

Vorwort

Hallo!

Wie ist das bei dir: Blickst du bei den Konjugationsklassen, den Zeiten im Lateinischen und Aktiv oder Passiv auch nicht so richtig durch? Und du weißt gar nicht, wie du üben sollst?

Keine Sorge, das Konjugieren von Verben kannst du super lernen.

Unser Tipp: Lerne nicht alles an einem Tag. Übe lieber jeden Tag **10 Minuten**! Das geht superschnell und du übst trotzdem intensiver als sonst.

1 In diesem Heft findest du viele Übungen, mit denen du das Konjugieren lateinischer Verben trainieren kannst.

 Die kleine Stoppuhr erinnert dich daran: besser kleine Lernportionen!

Tipp Hier bekommst du wichtige Tipps zu den Übungen.

★☆ Leichtere Übungen haben einen Stern ★☆ und etwas schwerere Übungen haben zwei Sterne ★★. Beginne am besten mit den leichteren!

Lösungen Hinten im Buch findest du die Lösungen zu den Übungen.

Wir wünschen dir viel Erfolg!

Deine Klett Lerntraining Redaktion

Immer nur 10 Minuten!

1 Die fünf Konjugationsklassen und der Präsensstamm

Tipp

Lateinische Verben werden nach verschiedenen Konjugationsklassen konjugiert:

laudāre, laudō:	Präsensstamm laudā-	→ a-Konjugation
dēlēre, dēleō:	Präsensstamm dēlē-	→ e-Konjugation
venīre, veniō:	Präsensstamm venī-	→ i-Konjugation
pōnere, pōnō:	Präsensstamm pōn-	→ konsonantische Konjugation
capere, capiō:	Präsensstamm capī-	→ gemischte Konjugation

Die gemischte Konjugation wird auch konsonantische Konjugation mit i-Erweiterung genannt.

1 ★☆ **Ordne die Infinitive der jeweils richtigen Konjugation zu.**

audīre – afficere – aedificāre – ārdēre – arcessere
augēre – rapere – agitāre – agere – aperīre

a-Konj.	e-Konj.	i-Konj.	kons. Konj.	gem. Konj.

2 ★☆ **Ergänze die Konjugation und übersetze.**

clāmat a-Konjugation ______ er/sie/es ruft ______

audit ______ ______

labōrat ______ ______

gaudet ______ ______

currit ______ ______

Tipp

Der Präsensstamm, die erste Form in der Stammformenreihe, entspricht in der a-, e- und i-Konjugation dem Infinitiv Präsens Aktiv ohne die Endung *-re*.

Beispiele: laudāre - *loben* → laudā-
monēre - *ermahnen* → monē-
audīre - *hören* → audī-

In der konsonantischen Konjugation endet der Präsensstamm auf einen Konsonanten; er entspricht also dem Infinitiv Präsens Aktiv ohne *-ere*.

Beispiele: regere - *lenken* → reg-
vīvere - *leben* → vīv-

Der Präsensstamm der gemischten Konjugation endet meist auf *-i*.

Beispiele: capere - *fassen* → capi-
rapere - *rauben* → rapi-

3 ★★ **Nenne die Konjugationsklasse der Verben. Bilde dann den Präsensstamm, indem du von den Infinitiven die Infinitivendung abtrennst.**

Beispiel: *dēbēre: e-Konjugation → dēbē-*

a) dēlēre: ____________________

b) dēlectāre: ____________________

c) vincīre: ____________________

d) petere: ____________________

e) regere: ____________________

f) clāmāre: ____________________

g) aperīre: ____________________

h) capere: ____________________

i) manēre: ____________________

j) cupere: ____________________

2 Das Verb im Aktiv

Das Präsens

Tipp

Die Formen des Indikativ Präsens Aktiv setzen sich aus dem Präsensstamm eines Verbs und den aktiven Personalendungen zusammen. Das Präsens weist kein eigenes Tempuszeichen auf.

Die aktiven Personalendungen lauten:

	Singular	Plural
1. Person	-ō	-mus
2. Person	-s	-tis
3. Person	-t	-nt

Achtung: Bei der 1. Person Singular der a-Konjugation verschmilzt der Stammauslaut *-a-* mit der Personalendung zu *-o*.
Beispiele: laudō – *ich lobe*, amō – *ich liebe*

In der 3. Person Plural der i-, konsonantischen und gemischten Konjugation wird der Bindevokal *-u-* eingefügt.
Beispiele: audi-u-nt – *sie hören*, reg-u-nt – *sie lenken*, capi-u-nt – *sie fassen*

In der konsonantischen Konjugation wird bei allen anderen Personen (außer 1. Pers. Sg.) der Bindevokal *-i-* eingefügt.
Beispiele: vīv-i-s – *du lebst*, cōgnōsc-i-mus – *wir erkennen*,
aber: reg-ō – *ich lenke*, reg-u-nt – *sie lenken*

1 ★☆ **Bilde die genannten Formen im Indikativ Präsens Aktiv.**

cantāre ________________________ (2. Pers. Pl.)

rapere ________________________ (1. Pers. Sg.)

fugere ________________________ (2. Pers. Sg.)

dolēre ________________________ (3. Pers. Pl.)

venīre ________________________ (3. Pers. Sg.)

2 ★☆ **Ergänze im Konjugationsschema die fehlenden Endungen. Wo musst du zusätzlich Bindevokale einsetzen?**

a-Konjugation	Singular	Plural
1. Person	amō	amā ________
2. Person	amā ________	amā ________
3. Person	ama ________	amant

e-Konjugation	Singular	Plural
1. Person	gaude ________	gaudēmus
2. Person	gaudēs	gaudē ________
3. Person	gaude ________	gaude ________

i-Konjugation	Singular	Plural
1. Person	veni ________	venī ________
2. Person	venī ________	venītis
3. Person	venit	veni ________

kons. Konjugation	Singular	Plural
1. Person	legō	leg ________
2. Person	leg ________	leg ________
3. Person	leg ________	legunt

gem. Konjugation	Singular	Plural
1. Person	rapi ________	rapimus
2. Person	rapis	rapi ________
3. Person	rapi ________	rapi ________

3 ★☆ **Welche Formenbestimmung ist die richtige? Verbinde.**

timent	3. Pers. Sg.
lūdimus	2. Pers. Sg.
curris	1. Pers. Sg.
intrātis	1. Pers. Pl.
doleō	3. Pers. Pl.
dēcipit	2. Pers. Pl.

Tipp

Das Präsens wird für die Beschreibung von Handlungen und Zuständen der Gegenwart oder für allgemeingültige Aussagen verwendet.
Beispiele: Lūcius Gāium vocat. – *Lucius ruft Gaius.*
Vītae discimus. – *Wir lernen fürs Leben.*

4 ★★ **Trenne die Personalendungen und wenn möglich auch Aussprechvokale ab und übersetze die Formen. Bestimme dann die Konjugation.**

Beispiel: *dēlectās → dēlectā|s, du erfreust → a-Konjugation*

servat ______ → ______

alimus ______ → ______

explētis ______ → ______

veniō ______ → ______

fugis ______ → ______

parāmus ______ → ______

quaerō ______ → ______

Tipp

Bilde den Infinitiv und die 1. P. Sg., um die Konjugation herauszufinden.

5 ★★

a) Bilde die angegebenen Formen von *servāre*.

servāre → (1. P. Sg.) ________________ → (Pl.) ________________ → (3. P.) ________________ → (2. P.) ________________ → (Sg.) ________________ → (3. P.) ________________

b) Mache nun denselben Formenlauf mit *tacēre*, *audīre* und *capere*.

tacеō → ________________

____

____

____

____

____

6 ★★

Bestimme die Verben und übersetze sie.

invenit: i-Konj., 3. Person Singular; er, sie, es findet

audiunt: ________________

clāmat: ________________

sedet: ________________

vidētis: ________________

labōrāmus: ________________

sūmunt: ________________

Das Imperfekt

Tipp

Das Imperfekt ist ein Vergangenheitstempus. Du erkennst es am Tempuszeichen *-ba-* (a-/e-Konjugation) bzw. *-ēba-* (i-, gemischte und konsonantische Konjugation), das zwischen Präsensstamm und Personalendungen eingeschoben wird.

Singular		Plural	
cantā-ba-m	– *ich sang*	fug-i-ēbā-mus	– *wir flohen*
tacē-bā-s	– *du schwiegst*	leg-ēbā-tis	– *ihr last*
veni-ēba-t	– *er/sie/es kam*	cantā-ba-nt	– *sie sangen*

Merke: Die Personalendungen im Imperfekt sind mit Ausnahme der 1. Person Singular *(-m)* dieselben wie im Präsens.

7 ★☆ **Kreuze alle Imperfektformen an.**

amābat ◯ amat ◯ amābit ◯ veniet ◯ legēbam ◯ vidēbat ◯

servābās ◯ petunt ◯ capiēbāmus ◯ servābātis ◯ spectant ◯

veniēmus ◯ amās ◯ habēbāmus ◯

8 ★☆ **Schreibe alle Imperfektformen heraus, bestimme und übersetze sie.**

timēmusrelinquēbantturbāsveniēbāsprobāmusparantcapiēbamdabātisverba

____

____

____

____

9 ★☆

a) Verbinde die Imperfektformen mit der richtigen Übersetzung.

currēbātis – aperiēbāmus
monēbat – temptābās – respiciēbant
monēbam – respiciēbat – temptābāmus
currēbam – aperiēbant

sie öffneten
du versuchtest – ich ermahnte
er blickte zurück – sie ermahnte
wir öffneten – ich lief – ihr lieft
sie blickten zurück – wir versuchten

______

______

______

______

______

______

______

b) Ordne nun die Formen aus Übung 9a einer Konjugationsgruppe zu.

a-Konj.	e-Konj.	i-Konj.	gem. Konj.	kons. Konj.

Tipp

Das Imperfekt wird für Handlungen bzw. Ereignisse verwendet, die
- noch nicht abgeschlossen sind,
- sich in der Vergangenheit wiederholen,
- einen Versuch in der Vergangenheit bezeichnen oder
- eine Haupthandlung (im Perfekt ausgedrückt) begleiten.

10 ★☆

Setze die Präsensformen ins Imperfekt und übersetze sie.

Beispiel: *excitat → excitābat er/sie/es weckte auf*

vident ______________________________

audīs ______________________________

perditis ______________________________

errō ______________________________

dīcō ______________________________

cēdimus ______________________________

cadit ______________________________

capiunt ______________________________

11 ★★

Bilde aus den Infinitiven Imperfektformen, die den deutschen Übersetzungen entsprechen.

intrāre mittere dormīre iacere portāre habēre

a) ich warf ______________ b) du brachtest ______________

c) wir schickten ______________ d) ihr tratet ein ______________

e) sie hatte ______________ f) sie schliefen ______________

Das Perfekt

Tipp

Die Formen des Indikativs Perfekt Aktiv setzen sich aus zwei Bestandteilen zusammen:

- dem Perfektstamm und
- bestimmten Personalendungen, die es nur im Indikativ Perfekt Aktiv gibt. Diese lauten:

-ī	*ich*	-imus	*wir*
-istī	*du*	-istis	*ihr*
-it	*er/sie/es*	-ērunt	*sie*

Die Personalendungen werden an den Perfektstamm gehängt. Dieser Perfektstamm wird je nach Verb auf unterschiedliche Weise gebildet. Es gibt folgende Perfektbildungsarten:

v-Perfekt	audīv-ī	– *ich habe gehört*
u-Perfekt	monu-ī	– *ich habe ermahnt*
s-Perfekt	sēns-ī	– *ich habe gemeint*
Dehnungsperfekt	cēp-ī	– *ich habe gefasst*
Reduplikationsperfekt	cucurr-ī	– *ich bin gelaufen*
Stammperfekt	incend-ī	– *ich habe angezündet*

12 ★☆ **Nenne zu den folgenden Perfektstämmen die entsprechenden Präsensstämme. Bestimme die Art der Perfektbildung.**

Beispiel: *nārrāv → nārrā- → v-Perfekt*

adiūv- ______________________ ______________________

iactāv- ______________________ ______________________

fēc- ______________________ ______________________

scrīps- ______________________ ______________________

dēbu- ______________________ ______________________

ascend- ______________________ ______________________

dīx- ______________________ ______________________

13 ★☆ **Welche Art der Perfektbildung liegt vor? Ordne zu.**

appāruit	s-Perfekt
trādidī	v-Perfekt
respēximus	u-Perfekt
adiūvistī	Stammperfekt
dēfendērunt	Reduplikationsperfekt
temptāvistis	Dehnungsperfekt

14 ★☆ **Ordne die Perfektformen der Art der Perfektbildung zu und übersetze sie. Nenne auch den Infinitiv Präsens.**

~~dēcessit~~ – effūgimus – fefellī – accūsāvit – tacuērunt – comprehendistī

v-Perfekt

____

____

u-Perfekt

____

____

s-Perfekt

dēcessit

____

Reduplikationsperfekt

____

____

Dehnungsperfekt

____

____

Stammperfekt

____

____

Tipp

Merke: Die meisten Verben der a- und i-Konjugation sowie einige der e-Konjugation bilden ein v-Perfekt, zahlreiche Verben der e-Konjugation auch ein u-Perfekt. Bei allen anderen Verben lerne immer die ganze Stammformenreihe, denn der Perfektstamm sieht oft ganz anders als der Präsensstamm aus.

Beispiele: dīcere → dīx- (< dīc-s-)
gerere → gess-
agere → ēg-

15 ★☆ **Bilde zu den angegeben Perfektstämmen die gefragten Personalformen. Übersetze dann die Formen.**

audīv ______________________ wir ______________________

potu ______________________ er ______________________

ēg ______________________ ich ______________________

petīv ______________________ ihr ______________________

fēc ______________________ sie ______________________ (Pl.)

cucurr ______________________ du ______________________

16 ★☆ **Unterstreiche in jeder Reihe die Form, die nicht im Perfekt steht, und bestimme sie.**

a) mīsistī – dēlectāvērunt – contemnimus – rēximus ______________________

b) relīquistis – movent – cecidit – pepercī ______________________

c) dēbēbās – cessāvērunt – habuit – invēnistis ______________________

d) fīnīvit – ēripuimus – dēcrēvī – ascenditis ______________________

17 ★☆ **Bilde die 1. Person Singular Perfekt und übersetze. Benenne die Art der Perfektbildung.**

Beispiel: *dēfendere → dēfendī ich habe verteidigt, Stammperfekt*

adiuvāre → ______________________ ______________________

cēdere → ______________________ ______________________

habēre → ______________________ ______________________

trādere → ______________________ ______________________

contendere → ______________________ ______________________

Tipp

Das Perfekt wird für Handlungen bzw. Ereignisse verwendet, die
- einmalig sind,
- abgeschlossen sind oder
- eine Haupthandlung neben einer Hintergrundhandlung (im Imperfekt ausgedrückt) darstellen.

18 ★★ **Welche Signalwörter weisen auf welches Tempus hin? Ordne ein und übersetze sie.**

saepe tum iterum diū statim iterum iterumque tandem subitō

Imperfekt	Perfekt

Das Plusquamperfekt

Tipp

Das Plusquamperfekt wird mit dem Perfektstamm dem Tempuszeichen *-era-* und den Personalendungen, die du vom Imperfekt kennst, gebildet.

Singular		Plural	
cantāv-era-m	– *ich hatte gesungen*	vēn-erā-mus	– *wir waren gekommen*
tenu-erā-s	– *du hattest gehalten*	dēfend-erā-tis	– *ihr hattet verteidigt*
lūs-era-t	– *er/sie/es hatte gespielt*	iūss-era-nt	– *sie hatten befohlen*

Lerntipp: Tempuszeichen plus Personalendungen sehen aus wie das Imperfekt von *esse*. Merke also: Das Plusquamperfekt setzt sich aus dem Perfektstamm und dem Imperfekt von *esse* zusammen.

19 ★☆ **Ergänze die Tabelle.**

Präsens	Imperfekt	Perfekt	Plusquamperfekt
tangit	tangēbat	tetigit	
dīcitis	dīcēbātis	dīxistis	
fūgiunt	fūgīebant	fūgērunt	
stāmus	stābāmus	stetimus	
nōminō	nōminābam	nōmināvī	
monēs	monēbās	monuistī	

20 ★☆

Übersetze die Verbformen und setze sie ins Plusquamperfekt.

Beispiel: *habitāmus* *wir (be-)wohnen* → *habitāverāmus*

dēligō ______________________ → ______________________

respondet ______________________ → ______________________

cēdent ______________________ → ______________________

īnstituēbās ______________________ → ______________________

trādimus ______________________ → ______________________

currētis ______________________ → ______________________

Tipp

Das Plusquamperfekt beschreibt Handlungen und Ereignisse, die vor einer anderen Handlung in der Vergangenheit stattgefunden haben, also noch weiter zurückliegen.

Beispiel: Graecī cum Trōiānīs bellum gessērunt, nam Paris Helenam rapuerat.
– *Die Griechen führten mit den Trojanern Krieg, denn Paris hatte Helena geraubt.*

21 ★★

Vervollständige die Verbpaare (Gegensätze bzw. Synonyme) im Plusquamperfekt und übersetze sie.

audīverās		dī__________	
voluerant		pot__________	
cupīverāmus		dēsīderā__________	
laudāverātis		reprehend__________	
cucurrerat		st__________	

22 ★★

a) Suche aus der Wortschlange alle Plusquamperfektformen und übersetze sie.

____

____

____

b) Bestimme nun die restlichen Verbformen und übersetze sie.

____

____

____

23 ★★

Ergänze die fehlenden Formen.

Präsens	Imperfekt	Perfekt	Plusquamperfekt
adhibeō			
		explēvimus	
	movēbam		
			dūxerātis
	accipiēbant		
parat			

Das Futur I

Tipp

Zukünftige Handlungen werden mit dem Futur dargestellt.
Im Lateinischen setzt es sich in der a- und e-Konjugation aus dem Präsensstamm, dem Tempuszeichen *-bi-* bzw. *-b-* (1. P. Sg.) und *-bu-* (3. P. Pl.) und den Personalendungen, die du vom Präsens kennst, zusammen:

a-Konjugation

cantā- + -b- + -ō	→	cantābō	– *ich werde singen*
cantā- + -bi- + -s	→	cantābis	– *du wirst singen*
cantā- + -bu- + -nt	→	cantābunt	– *sie werden singen*

e-Konjugation

tenē- + -b- + -ō	→	tenēbō	– *ich werde halten*
tenē- + -bi- + -mus	→	tenēbimus	– *wir werden halten*
tenē- + -bu- + -nt	→	tenēbunt	– *sie werden halten*

Merke: Das Tempuszeichen des Futurs ist bei diesen beiden Konjugationen in allen Personen außer der 1. P. Sg. und der 3. P. Pl. *-bi-*.

24 ★★ **Setze die Präsensformen ins Futur und übersetze sie.**

Beispiel: *iubet → iubēbit er/sie/es wird befehlen*

respondētis → ______

habitās → ______

prōvident → ______

temptō → ______

appāret → ______

timēs → ______

dēsperāmus → ______

25 ★☆ **Ergänze die fehlenden Formen im Futur I.**

a-Konjugation	Singular	Plural
1. Pers.	cantābō	
2. Pers.		cantābitis
3. Pers.		

e-Konjugation	Singular	Plural
1. Pers.		
2. Pers.	habēbis	
3. Pers.		habēbunt

Tipp

In der i-, gemischten und konsonantischen Konjugation lautet das Tempuszeichen *-e-* bzw. *-a-* (1. P. Sg.). Dieses wird ebenfalls an den Präsensstamm angehängt, zusammen mit den Personalendungen, die du vom Imperfekt kennst.

i-Konjugation
veni- + -a- + -m → ven iam – *ich werde kommen*
veni- + -e- + -t → veni et – *er/sie/es wird kommen*

gemischte Konjugation
capi- + -ē- + -s → capi ēs – *du wirst fangen*
capi- + -ē- + -tis → capi ētis – *ihr werdet fangen*

konsonantische Konjugation
lūd- + -a- + -m → lūd am – *ich werde spielen*
lūd- + -ē- + -mus → lūd ēmus – *wir werden spielen*

Merke: Präge dir beim Vokabellernen gut die Konjugationsklasse ein, um eine Verwechslung von Präsensformen der e-Konjugation mit Futurformen dieser drei Konjugationen zu vermeiden!

26 ★☆ **Trage die fehlenden Formen im Futur I in die Tabelle ein.**

i-Konjugation	Singular	Plural
1. Pers.		mūnīemus
2. Pers.		
3. Pers.	mūniet	

kons. Konjugation	Singular	Plural
1. Pers.	mittam	
2. Pers.		
3. Pers.	mittet	

gem. Konjugation	Singular	Plural
1. Pers.		
2. Pers.		rapiētis
3. Pers.	rapiet	

27 ★☆ **Unterstreiche die Futur-I-Formen und übersetze sie.**

dēfendunt – dēfendērunt – dēfendent – dēfenderant – dēbētis – dēbēbitis – dēbuistis – dēbuerātis – depōnō – depōnam – depōnēbam

28 ★★

Bilde die Verbformen wie angegeben.

cōgnōscō → (Futur) ________ → (2. Person) ________ → (Plural) ________ → (Präsens) ________ → (Imperfekt) ________ → (3. Person) ________ → (Futur) ________ → (Singular) ________ → (Präsens) ________

servāmus → (Futur) ________ → (Imperfekt) ________ → (2. Person) ________ → (Futur) ________ → (Singular) ________ → (1. Person) ________ → (Präsens) ________ → (3. Person) ________ → (Imperfekt) ________

29 ★★

Zu welchen Tempora gehören diese Formen? Trage I (Imperfekt) oder F (Futur) oder P (Perfekt) ein. Übersetze die Formen und verwandle sie in den Singular oder in den Plural.

habēbat ____ ________________

exspectāvī ____ ________________

exspectābunt ____ ________________

audient ____ ________________

capiet ____ ________________

agēbant ____ ________________

Das Futur II

Tipp

Perfektstamm, Tempuszeichen und Personalendungen bilden die Formen des Futur II. Das Tempuszeichen lautet *-eri-*, nur in der 1. Person Singular verschmilzt es mit der Endung zu *-erō*.

Beispiele:	laudāv-erō	– *ich werde gelobt haben*
	monu-eri-s	– *du wirst ermahnt haben*
	scrīps-eri-t	– *er/sie/es wird geschrieben haben*
	cucurr-eri-mus	– *wir werden gelaufen sein*
	cēp-eri-tis	– *ihr werdet gefasst haben*
	dēfend-eri-nt	– *sie werden verteidigt haben*

Lerntipp: Tempuszeichen plus Personalendungen sehen zusammen aus wie das Futur I von *esse*. Merke also: Das Futur II setzt sich aus Präsensstamm und dem Futur I von *esse* zusammen (Ausnahme: 3. Person Plural *-erint*).

30 ★☆ **Welche Form ist kein Futur II? Streiche sie durch und bestimme das Tempus.**

a) sīveris – habuerō – respondēbō – petīverimus ______________

b) cesserit – admīseritis – accurreris – curris ______________

c) gessimus – vīderint – accēperō – lēgerimus ______________

d) fūgeritis – trādiderant – ēdūcāverit – praebueris ______________

31 ★☆ **Bilde Futur-II-Formen, indem du Tempuszeichen und Personalendungen ergänzt.**

	Singular	Plural
1. Pers.	narrāv ______	fefell ______
2. Pers.	ēripu ______	lēg ______
3. Pers.	sēns ______	volv ______

Tipp

Das Futur I wird für in der Zukunft stattfindende Handlungen bzw. Ereignisse verwendet. Das Futur II bezieht sich auf einen Vorgang bzw. ein Ereignis in der Zukunft, das bereits vor einem anderen zukünftigen Geschehen abgeschlossen sein wird.
Im Deutschen achtet man gewöhnlich nicht so genau auf das Zeitverhältnis in der Zukunft und übersetzt das Futur II meist mit Präsens oder Perfekt:
Sī domum vēnerō, dormiam. –
Wenn ich nach Hause komme, werde ich schlafen.
Mox epistulam scrīpserō, tum domum ībō. –
Bald habe ich den Brief geschrieben, dann gehe ich nach Hause.

32 ★☆ **Vervollständige die Tabelle und übersetze jeweils die erste Verbform. Bei welcher Form besteht Verwechslungsgefahr mit dem Perfekt?**

	Singular	Plural
1. Pers.	cucurrerō	
2. Pers.		
3. Pers.		

1. Pers.		
2. Pers.		
3. Pers.		dēlectāverint

Verwechslungsgefahr: ______________________________

Unregelmäßige Verben

Tipp

Das unregelmäßige Verb *esse (sein)* weist unterschiedliche Präsensstämme auf. Das Präsens bildet sich von den Stämmen *s-* und *es-*, Imperfekt und Futur I vom Stamm *er-*.

Präsens	Imperfekt	Futur I
s-u-m – *ich bin*	er-a-m – *ich war*	er-ō – *ich werde sein*
es – *du bist*	er-ā-s – *du warst*	er-i-s – *du wirst sein*
es-t – *er/sie/es ist*	er-a-t – *er/sie/es war*	er-i-t – *er/sie/es wird sein*
s-u-mus – *wir sind*	er-ā-mus – *wir waren*	er-i-mus – *wir werden sein*
es-tis – *ihr seid*	er-ā-tis – *ihr wart*	er-i-tis – *ihr werdet sein*
s-u-nt – *sie sind*	er-a-nt – *sie waren*	er-u-nt – *sie werden sein*

Der Perfektstamm von *esse* lautet *fu-*; von diesem werden Perfekt, Plusquamperfekt und Futur II ganz regelmäßig gebildet.
Beispiele: fu-ī – *ich bin gewesen*, fu-istī – *du bist gewesen*, fu-era-m – *ich war gewesen*, fu-erā-mus – *wir waren gewesen*, fu-erō – *ich werde gewesen sein*, fu-eri-t – *er/sie/es wird gewesen sein*

33 ★☆ **Setze die fehlenden Formen ein.**

	a) Präsens	b) Imperfekt	c) Futur I
1. Sg.	sum	eram	erō
2. Sg.			
3. Sg.			
1. Pl.			
2. Pl.			
3. Pl.	sunt	erant	erunt

34 ★☆ **Ergänze die Plusquamperfektformen.**
Tipp: Überlege dir zuerst, wie der Perfektstamm lautet.

esse → Perfektstamm: ______________________

	Singular	Plural
1. Pers.		
2. Pers.		
3. Pers.		

Tipp

Entstanden ist *posse (können)* ursprünglich aus *pot-* und *esse*. Vor einem Vokal bleibt *pot-* im Präsens, Imperfekt und Futur I erhalten, vor *-s-* lautet der Stamm *pos-*. An diese Vorsilbe werden die entsprechenden Formen von *esse* angehängt.

Beispiele:
- po s-sum – *ich kann*
- po t-es – *du kannst*
- po s-sunt – *sie können*
- pot-eram – *ich konnte*
- pot-erat – *er/sie/es konnte*
- pot-eris – *du wirst können*
- pot-erunt – *sie werden können*

Vom Perfektstamm *potu-* bilden sich Perfekt, Plusquamperfekt und Futur II wie bei den regelmäßigen Verben.

Beispiele:
- potu-ī – *ich habe gekonnt*
- potu-ērunt – *sie haben gekonnt*
- potu-erās – *du hattest gekonnt*
- potu-erātis – *ihr hattet gekonnt*
- potu-erit – *er/sie/es wird gekonnt haben*
- potu-erint – *sie werden gekonnt haben*

35 ★☆ **Bilde von den Formen von *esse* die entsprechenden von *posse*.**

a) es ______________________ b) sumus ______________________

c) erant ______________________ d) erimus ______________________

e) sunt ______________________ f) estis ______________________

g) fuit ______________________ h) fueramus ______________________

36 ★☆ **Ersetze die Formen von *capere* durch die von *posse*. Behalte jeweils Numerus und Person bei.**

capiunt ______________________

capiō ______________________

capitis ______________________

capis ______________________

Tipp

Das Verb *velle (wollen, wünschen)* hat vor allem im Präsens unregelmäßige Formen, die du dir gut einprägen musst.

	1. Person	2. Person	3. Person
Singular	vol-ō	vīs	vul-t
Plural	vol-u-mus	vul-tis	vol-u-nt

Für alle anderen Tempora gibt es verschiedene Verbstämme, von denen die Formen – ganz regelmäßig – gebildet werden.

Imperfekt	vol-	+ -ēba- + Personalendung
Futur I	vol-	+ -a-/-e- + Personalendung
Perfekt/Plusquamperfekt	volu-	+ Personalendung
PPA	vol-	+ -ēns, -entis

Merke: Imperfekt und Futur werden wie bei den Verben der gemischten oder konsonantischen Konjugation gebildet.

37 ★☆ **a) Welche Form von *posse* entspricht welcher von *velle*? Verbinde.**

potestis – potest
possum – possunt – potes
possumus

volumus – vultis
volunt – vīs – volō
vult

b) Ordne die Formen von *velle* dem richtigen Numerus zu und setze sie ins Futur.

Singular ______________________________

Plural ______________________________

38 ★☆ **Bestimme und übersetze die Formen von *velle*.**

a) volō ______________________________

b) vult ______________________________

c) volēbāmus ______________________________

d) volet ______________________________

e) vīs ______________________________

f) volēbant ______________________________

g) vultis ______________________________

h) volent ______________________________

i) volam ______________________________

j) volēbam ______________________________

Tipp

Der Präsensstamm von *īre (gehen)*, von dem Präsens, Imperfekt und Futur I gebildet werden, lautet *i-* bzw. *e-* in der 1. Person Singular und 3. Person Plural.

Präsens	Singular	Plural
1. Pers.	e-ō – *ich gehe*	ī-mus – *wir gehen*
2. Pers.	ī-s – *du gehst*	ī-tis – *ihr geht*
3. Pers.	i-t – *er/sie/es geht*	e-u-nt – *sie gehen*

Weitere Beispiele: ī-ba-m – *ich ging*, ī-ba-nt – *sie gingen*, ī-bō – *ich werde gehen*, ī-bi-tis – *ihr werdet gehen*, ī-bu-nt – *sie werden gehen*

An den Perfektstamm *i-* werden die regelmäßigen Tempuszeichen und Personalendungen von Perfekt, Plusquamperfekt und Futur II gehängt.

Beispiele: i-ī – *ich bin gegangen*, īstī (!) – *du bist gegangen*, i-it – *er/sie/es ist gegangen*, īstis (!) – *ihr seid gegangen*, i-era-m – *ich war gegangen*, i-erā-tis – *ihr wart gegangen*, i-era-nt – *sie waren gegangen*

39 ★☆ **Trage die fehlenden Formen ein.**

Präsens	Imperfekt	Futur I	Perfekt
eō	ībam	ībō	iī
īs			īstī
it		ībit	
īmus			iimus
ītis			īstis
eunt	ībant	ībunt	

40 ★☆ **Stammen die Formen von *īre* oder von *esse?* Kreise sie mit zwei Farben ein.**

īs – eō – erō – es – it – est – īmus – sunt – eunt – erunt

41 ★☆ **a) Ordne die Formen von *esse*, *posse* und *īre* in der Tabelle dem richtigen Verb und Tempus zu.**

ībunt – poterant – īstī – estis – possum – erimus – poteris – eram – it – fuistis
potuērunt – fuerās – ībant – potuerat – ierātis

	Präsens	Futur	Imperfekt	Perfekt	Plusquam-perfekt
esse	______ ______	______ ______	______ ______	______ ______	______ ______
posse	______ ______	______ ______	______ ______	______ ______	______ ______
īre	______ ______	______ ______	______ ______	______ ______	______ ______

b) Bestimme nun auch Person und Numerus. Schreibe in die Tabelle.

42 ★★ **Setze die Präsensformen ins Perfekt, die Imperfektformen ins Plusquamperfekt und die Futur-I-Formen ins Futur II.**

a) eunt ______________ b) volēs ______________

c) sumus ______________ d) eris ______________

e) poteram ______________ f) volēbant ______________

g) erātis ______________ h) ībunt ______________

i) īs ______________ j) vīs ______________

k) ībam ______________ l) potest ______________

m) poterō ______________ n) vultis ______________

43 ★★ **Bilde die in den Klammern angegebenen Formen von *esse* und *posse*.**

sum → (Imperf.) ______________ → (3. P.) ______________ → (Pl.) ______________

→ (Perf.) ______________ → (1. P.) ______________ → (2. P.) ______________

→ (Imperf.) ______________ → (Sg.) ______________

potest → (Pl.) ______________ → (Perf.) ______________ → (2. P.) ______________

→ (Sg.) ______________ → (Imperf.) ______________ → (1. P.) ______________

→ (Pl.) ______________ → (Perf.) ______________

Tipp

Die unregelmäßigen Verben bilden den Konjunktiv Imperfekt auf dieselbe Weise:

es-	+ -se-	+ -m	– *ich wäre*
pos-	+ -sē-	+ -s	– *du könntest*
vel-	+ -le-	+ -t	– *er/sie/es würde wollen*
ī-	+ -rē-	+ -mus	– *wir würden kommen/kämen*

Merke: Bei *esse, posse, velle* gleicht sich das Moduszeichen an den Auslaut des Präsensstammes an. Oder noch einfacher: Für alle diese Verben gilt: Konjunktiv Imperfekt = Infinitiv Präsens + Personalendung!

44 ★★ **Ergänze Moduszeichen und Personalendung entsprechend der Bedeutung.**

es______________	du wärest	ī______________	ich ginge
pos______________	sie könnte	vel______________	wir würden wollen
pos______________	sie könnten	ī______________	er würde gehen
es______________	ihr wäret	vel______________	du würdest wollen

Der Imperativ

Tipp

Befehle werden mit dem Imperativ (Befehlsform) ausgedrückt:

	a-Konj.	e-Konj.	i-Konj.	gem. Konj.	kons. Konj.
Singular	Cantā!	Tacē!	Venī!	Fug-e!	Leg-e!
	Singe!	*Schweig!*	*Komm!*	*Flieh!*	*Lies!*
Plural	Cantā-te!	Tacē-te!	Venī-te!	Fug-i-te!	Leg-i-te!
	Singt!	*Schweigt!*	*Kommt!*	*Flieht!*	*Lest!*

Sonderformen: Dūc! *Führe!* Dīc! *Sprich!*

Merke: Der Imperativ Singular wird in der a-, e- und i-Konjugation mit dem Verbstamm gebildet. Für den Plural wird daran die Endung *-te* angehängt. In der gemischten und konsonantischen steht im Singular *-e*, im Plural *-ite*.

45 ★☆

a) Schreibe die Imperative heraus und übersetze sie.

MONETCURRITEVOCASEDESAUDITESCRIBE

TACENTPORTATEDUCCONSIDITEVIDEORESPONDE

b) Setze die Imperative nun in den Singular bzw. Plural.

3 Das Verb im Passiv

Das Passiv von Präsens, Imperfekt und Futur I

Tipp

Das Passiv von Präsens, Imperfekt und Futur I wird vom Präsensstamm gebildet. Hinzu kommen beim Imperfekt und Futur I die jeweiligen Tempuszeichen sowie in allen drei Tempora die passiven Personalendungen.

Das Präsens Passiv wird in der a-, e- und i-Konjugation mit dem Präsensstamm und speziellen passiven Personalendungen gebildet. Diese lauten:

	Singular	Plural
1. Person	-or	-mur
2. Person	-ris	-minī
3. Person	-tur	-ntur

a-Konjug.:	voc-or	– *ich werde gerufen*
	vocā-ris	– *du wirst gerufen*
	voca-ntur	– *sie werden gerufen*
e-Konjug.:	mone-or	– *ich werde ermahnt*
	monē-tur	– *er/sie/es wird ermahnt*
	monē-minī	– *ihr werdet ermahnt*
i-Konjug.:	invenī-tur	– *er/sie/es wird gefunden*
	invenī-mur	– *wir werden gefunden*
	inveni-u-ntur	– *sie werden gefunden*

1 ★☆ **Setze die zur Übersetzung passende Personalendung ein. Achtung: Bei einer Form musst du auch noch einen Bindevokal ergänzen!**

-mur -or (2×) -ris (2×) -ntur (3×) -tur -minī

a) iactā________ *er/sie/es wird geschleudert*

b) rīdē________ *du wirst ausgelacht*

c) monē________ *ihr werdet gewarnt*

d) mūta________ *sie werden verändert*

e) audi________ *sie werden gehört*

f) vide________ *ch werde gesehen*

g) urge________ *sie werden bedrängt*

h) pūnī________ *du wirst bestraft*

i) vocā________ *wir werden gerufen*

j) inveni________ *ich werde gefunden*

Tipp

Merke: An den typischen Personalendungen kannst du das Passiv ganz leicht erkennen! Ansonsten gelten dieselben Bildungsregeln wie für das Aktiv, d. h., wie im Aktiv hat die 3. Person Plural der i-Konjugation den Bindevokal *-u-* zwischen Stamm und Personalendung.

2 ★☆ **Unterstreiche alle passiven Präsensformen. Bestimme Person und Numerus und übersetze sie.**

portant rapiuntur venīmus exspector vocās tangiminī

scrībitur dīcit vincimur audīmus reperiuntur vidēris

Tipp

Die gemischte und konsonantische Konjugation bilden das Präsens Passiv mit dem Präsensstamm, eventuellen Bindevokalen (wie im Aktiv) und den passiven Personalendungen.

gem. Konjug.:	rapi-or	– *ich werde geraubt*
	rap-e-ris	– *du wirst geraubt*
	rapi-mur	– *wir werden geraubt*
kons. Konjug.:	dēlig-e-ris	– *du wirst ausgewählt*
	dēlig-i-tur	– *er/sie/es wird ausgewählt*
	dēlig-u-ntur	– *sie werden ausgewählt*

Merke: In der 2. Person Singular lautet der Bindevokal (anders als im Aktiv!) *-e-*.

3 ★☆ **Schreibe alle Passivformen heraus und übersetze sie.**

____

____

____

4 ★★ **Setze die aktiven Präsensformen ins Passiv und übersetze.**

Beispiel: *superat → superatur, er/sie/es wird übertroffen*

a) rogō ______________________________

b) trādit ______________________________

c) mittimus ______________________________

d) commovētis ______________________________

5 ★★ **Ergänze die fehlenden Endungen.**

a-Konjugation	Singular	Plural
1. Person	amor	amā ______
2. Person	amā ______	amā ______
3. Person	amā ______	amantur

e-Konjugation	Singular	Plural
1. Person	tene ______	tenēmur
2. Person	tenēris	tenē ______
3. Person	tenē ______	tene ______

i-Konjugation	Singular	Plural
1. Person	reperi ______	reperī ______
2. Person	reperī ______	reperīmini
3. Person	reperītur	reperi ______

kons. Konjugation	Singular	Plural
1. Person	dūcor	dūcimur
2. Person	dūc ______	dūc ______
3. Person	dūc ______	dūc ______

gem. Konjugation	Singular	Plural
1. Person	rapi ______	rapi ______
2. Person	raperis	rapi ______
3. Person	rapi ______	rapiuntur

Tipp

Das Passiv des Imperfekts ist ganz leicht zu erkennen. Du kennst bereits alle „Bausteine“: Präsensstamm + Tempuszeichen + passive Personalendungen.

a-Konjug.:	vocā-ba-r	*– ich wurde gerufen*
	vocā-bā-ris	*– du wurdest gerufen*
e-Konjug.:	monē-bā-tur	*– er/sie/es wurde ermahnt*
	monē-bā-mur	*– wir wurden ermahnt*
i-Konjug.:	inveni-ēbā-minī	*– ihr wurdet gefunden*
	inveni-ēba-ntur	*– sie wurden gefunden*
gem. Konjug.:	rapi-ēba-r	*– ich wurde geraubt*
	rapi-ēbā-tur	*– er/sie/es wurde geraubt*
kons. Konjug.:	dēlig-ēbā-minī	*– ihr wurdet ausgewählt*
	dēlig-ēba-ntur	*– sie wurden ausgewählt*

6 ★☆ **Bilde aus den passiven Präsensformen die entsprechenden Formen im Imperfekt. Übersetze die Formen.**

a) salūtāmur

____

____

b) vincitur

____

____

c) depōnuntur

____

____

d) dēciperis

____

____

e) neglegiminī

____

____

f) implētur

____

____

7 ★☆ **Bilde die angegebenen Verbformen und übersetze sie.**

mittere	______________________	(1. P. Sg. Imperf. Passiv)
aperīre	______________________	(3. P. Sg. Imperf. Passiv)
clāmāre	______________________	(2. P. Sg. Präs. Passiv)
obsidēre	______________________	(2. P. Sg. Imperf. Passiv)
capere	______________________	(3. P. Sg. Imperf. Passiv)
exspectāre	______________________	(1. P. Pl. Imperf. Passiv)
pellere	______________________	(2. P. Sg. Imperf. Passiv)
dēfendere	______________________	(3. P. Pl. Präs. Passiv)
dare	______________________	(3. P. Sg. Imperf. Passiv)
dēlectāre	______________________	(2. P. Pl. Präs. Passiv)
quaerere	______________________	(2. P. Pl. Imperf. Passiv)
invenīre	______________________	(1. P. Pl. Imperf. Passiv)
monēre	______________________	(2. P. Sg. Präs. Passiv)

Tipp

Das Passiv des Futurs wird mit dem Präsensstamm, dem Tempuszeichen und den passiven Personalendungen gebildet.

a-Konjug.:	vocā-b-or	– *ich werde gerufen werden*
	vocā-be-ris	– *du wirst gerufen werden*
	vocā-bu-ntur	– *sie werden gerufen werden*
e-Konjug.:	monē-bi-tur	– *er/sie/es wird ermahnt werden*
	monē-bi-mur	– *wir werden ermahnt werden*
	monē-bi-minī	– *ihr werdet ermahnt werden*
i-Konjug.:	inveni-a-r	– *ich werde gefunden werden*
	inveni-ē-minī	– *ihr werdet gefunden werden*
	inveni-e-ntur	– *sie werden gefunden werden*
gem. Konjug.:	rapi-a-r	– *ich werde geraubt werden*
	rapi-ē-ris	– *du wirst geraubt werden*
	rapi-ē-mur	– *wir werden geraubt werden*
kons. Konjug.:	dēlig-a-r	– *ich werde ausgewählt werden*
	dēlig-ē-minī	– *ihr werdet ausgewählt werden*
	dēlig-e-ntur	– *sie werden ausgewählt werden*

Merke: Erinnerst du dich? Das Tempuszeichen des Futurs lautet in der a- und e-Konjugation *-b-/-bi-/-bu-* (Achtung: 2. P. Sg.: *-beris*), in den anderen Konjugationen *-a-* bzw. *-e-*.

8 ★☆ **Wähle einen Präsensstamm und verbinde ihn mit der passenden Futurendung, sodass Verbform und Übersetzung miteinander übereinstimmen.**

excitā- iaci-
accipi- vinc-

-ēmur ētur
-beris -ēminī

____________________ (ihr werdet aufgenommen werden)

____________________ (du wirst aufgeschreckt werden)

____________________ (er wird geworfen werden)

____________________ (wir werden besiegt werden)

9 ★☆

Kreuze die Übersetzung an, die zur lateinischen Verbform passt.
Achtung: Bei welcher Verbform sind beide Lösungen richtig?

a) fallor
- ○ ich werde täuschen
- ○ ich werde getäuscht

b) expellēmur
- ○ wir werden vertrieben
- ○ wir werden vertrieben werden

c) aedificātur
- ○ er wird erbauen
- ○ es wird erbaut

d) dīmittiminī
- ○ ihr werdet weggeschickt
- ○ ihr werdet wegschicken

e) dēlectābit
- ○ sie wird erfreuen
- ○ sie wird erfreut werden

f) dēdūceris
- ○ du wirst weggeführt
- ○ du wirst weggeführt werden

10 ★★

Ordne die folgenden Passivformen dem richtigen Tempus zu.

vocābāmur – accipientur – admittor – violāberis – dūcuntur – prohibēbiminī – pōnēbātur – dēlētur – cōnspiciēbar

Präsens	Imperfekt	Futur I

Das Passiv von Perfekt, Plusqamperfekt und Futur II

Tipp

Für die Bildung des Passivs von Perfekt und Plusquamperfekt benötigst du eine neue Verbform, das Partizip Perfekt Passiv (kurz: PPP). Beispiele für das PPP im Deutschen sind: gesagt, getan, gerufen usw.
Im Lateinischen wird das regelmäßige PPP mit dem Präsensstamm und der Endung *-tus*, *-ta*, *-tum* gebildet:

a-Konjug.:	vocā-re	→ vocā-tus, vocā-ta, vocā-tum	– *gerufen*
e-Konjug.:	explē-re	→ explē-tus, explē-ta, explē-tum	– *erfüllt*
i-Konjug.:	audī-re	→ audī-tus, audīta, audī-tum	– *gehört*
gem. Konjug.:	cap-ere	→ cap-tus, cap-ta, cap-tum	– *gefangen*
kons. Konjug.:	al-ere	→ al-tus, al-ta, al-tum	– *ernährt*

Viele Verben bilden das PPP jedoch unregelmäßig: Der Stamm wird verändert und/oder es wird die Endung *-sus*, *-sa*, *-sum* angehängt.

monēre	→ mon i tus, -a, -um	– *ermahnt*
agere	→ āc tus, -a, -um	– *getan*
mittere	→ miss us, -a, -um	– *geschickt*
scrībere	→ scrīp tus, -a, -um	– *geschrieben*

Merke: Das PPP wird nach der a-/o-Deklination dekliniert. Es ist die letzte Form in der Stammformenreihe und wird im Neutrum Singular angegeben:

vocāre, vocō, vocāvī, vocātum *rufen*

11 ★☆ **Bilde das Partizip Perfekt Passiv dieser regelmäßigen Verben.**

cantāre → ______________________

explēre → ______________________

audīre → ______________________

mūtāre → ______________________

rapere → ______________________

Tipp

Präge dir besonders die unregelmäßigen PPPs schon beim Vokabel- und Stammformenlernen gut ein!

12 ★☆

Bilde von den folgenden Verben das PPP. Nenne auch ihre Bedeutung.

Infinitiv	expōnere	solvere	terrēre
PPP			
Bedeutung			

Infinitiv	audīre	perturbāre	capere
PPP			
Bedeutung			

Infinitiv	colligere	recitāre	accēdere
PPP			
Bedeutung			

13 ★★

Zu welchen Verben gehören die folgenden PPPs?
Nenne auch die deutsche Bedeutung.

victum ______________________ vinctum ______________________

inventum ______________________ initum ______________________

factum ______________________ frāctum ______________________

doctum ______________________ ductum ______________________

coniūnctum ______________________ coniectum ______________________

Tipp

Das Perfekt Passiv setzt sich aus dem PPP und dem Präsens von *esse* zusammen.

vocātus, -a, -um	sum es est	*ich bin* *du bist* *er/sie/es ist*	gerufen worden
monitī, -ae, -a	sumus estis sunt	*wir sind* *ihr seid* *sie sind*	*ermahnt worden*

Die Formen des Plusquamperfekt Passiv bestehen aus dem PPP und dem Imperfekt von *esse*.

captus, -a, -um	eram erās erat	*ich war* *du warst* *er/sie/es war*	*gefangen worden*
dēfēnsī, -ae, -a	erāmus erātis erant	*wir waren* *ihr wart* *sie waren*	*verteidigt worden*

14 ★☆

Bilde Perfektformen im Passiv, indem du die Formen von *esse* bei der richtigen Formenbestimmung einsetzt. Übersetze.

est sumus sunt es estis sum

a) vocātī ______ (3. Pers. Pl.) ______

b) irrīsae ______ (1. Pers. Pl.) ______

c) damnātus ______ (2. Pers. Sg.) ______

d) dēfēnsī ______ (2. Pers. Pl.) ______

e) dēlēta ______ (3. Pers. Sg.) ______

f) salūtātus ______ (1. Pers. Sg.) ______

15 ★☆

Perfekt oder Plusquamperfekt? Wähle die passenden Formen von *esse* aus. Achte dabei auf die Kongruenz (Singular/Plural)! Übersetze anschließend die Passivformen.

sunt erant erātis es erat
eram est sum estis sunt

a) receptus ________ (3. P. Sg. Perf. Passiv) ____________________

b) facta ________ (3. P. Pl. Perf. Passiv) ____________________

c) positī ________ (3. P. Pl. Plusqu. Passiv) ____________________

d) pulsus ________ (2. P. Sg. Perf. Passiv) ____________________

e) oppressī ________ (2. P. Pl. Plusqu. Passiv) ____________________

Tipp

Merke: Das PPP gleicht sich in Numerus und Genus an sein Bezugswort (also das Subjekt) an!

Discipulī ā magistrō laudātī sunt.
Die Schüler sind vom Lehrer gelobt worden.
Aulus laudātus erat. *Aulus war gelobt worden.*

16 ★☆

Verbinde die Substantive mit einem passenden PPP zu sinnvollen Wortpaaren.

oppidō	perfectī
hostēs	expūgnātō
operis	scrīptās
verbīs	victōs
litterās	dictīs

17 ★★ **Ordne die Verbformen in der Tabelle ein und übersetze sie. Nenne auch den Infinitiv Präsens Aktiv.**

appellābō – oppresserātis – relinquēbāminī – dēlectāris – terrēbuntur
factī sunt – putābās – dīvīsī erāmus – audēmus – rūpērunt

	Aktiv	Passiv
Präsens		
Futur		
Imperfekt		
Perfekt		
Plusquam-perfekt		

Tipp
Achte genau auf Tempuszeichen und Personalendung!

18 ★★ **Setze die Aktivformen ins Passiv und umgekehrt.**

vincis → ____________________

vidētur → ____________________

trādēris → ____________________

rīsus est → ____________________

servābāmus → ____________________

fallēminī → ____________________

monitī erant → ____________________

vocābunt → ____________________

excitāvistī → ____________________

mīserāmus → ____________________

inveniēbam → ____________________

audīmur → ____________________

redduntur → ____________________

pulsa sum → ____________________

Tipp

Das Futur II Passiv besteht aus dem PPP und dem Futur I von *esse*:

captus, -a, -um	erō eris erit	captī, -ae, -a	erimus eritis erunt

19 ★☆ **Ergänze die fehlenden Formen von *esse* und übersetze.**

Plusquamperfekt
Singular

victus, -a, -um eram ______________________________

vīsitātus, -a, -um ______________________________

servātus, -a, -um ______________________________

Plural

expulsī, -ae, -a ______________________________

trāductī, -ae, -a ______________________________

sollicitātī, -ae, -a erant ______________________________

Futur II
Singular

amātus, -a, -um ______________________________

dēfectus, -a, -um eris ______________________________

ēductus, -a, -um ______________________________

Plural

convocātī, -ae, -a ______________________________

circumdatī, -ae, -a eritis ______________________________

inductī, -ae, -a ______________________________

4 Der Konjunktiv im Aktiv und Passiv

Tipp

Du hast längst gelernt, wie du eine Verbform bestimmst, nämlich nach Person, Numerus, Tempus und Genus (Aktiv/Passiv). Ein weiteres Merkmal, anhand dessen man Verbformen voneinander unterscheidet, ist der sogenannte Modus. Die meisten Verbformen, die du bisher kennengelernt hast, zählen zum Indikativ, dem Modus der Wirklichkeit. Ein zweiter dir schon bekannter Modus ist der Imperativ, der Modus des Befehls.

Einen dritten Modus kennst du aus dem Deutschen, den Konjunktiv, den Modus der Vorstellung. Wird der Konjunktiv in einem Gedankenspiel („Was wäre [gewesen], wenn …") verwendet, nennt man ihn Irrealis, Konjunktiv der Nicht-Wirklichkeit.

ich hätte
wir kämen/würden kommen } Irrealis der Gegenwart

ich hätte gehabt
wir wären gekommen } Irrealis der Vergangenheit

Merke: Das Gedankenspiel kann sich auf Gegenwart oder Vergangenheit beziehen.

1 ★☆ **Irrealis der Gegenwart oder der Vergangenheit? Kreise mit zwei Farben ein.**

ich wäre – du hättest getan – wir wären gewesen – ihr würdet helfen
sie würde singen – sie hätten geholfen – du würdest tun – er hätte gesungen

2 ★☆ **Wirklichkeit oder Möglichkeit? Trage die entsprechenden Konjunktivformen ein.**

Indikativ	Konjunktiv (Potentialis)	Übersetzung
venit quis		Es könnte jemand kommen.
fit		Es könnte geschehen.
mē hortātur		Er könnte mich ermahnen.

Tipp

Für den Irrealis der Gegenwart steht im Lateinischen der Konjunktiv Imperfekt. Seine Formen setzen sich – in Aktiv und Passiv – aus folgenden „Bausteinen" zusammen:

Präsensstamm	+ Moduszeichen *-re-*	+ Personalendung	
vocā-	+ -re-	+ -m	– *ich würde rufen*
monē-	+ -rē-	+ -s	– *du würdest ermahnen*
invenī-	+ -re-	+ -t	– *er/sie/es würde finden*
rape-	+ -rē-	+ -mur	– *wir würden geraubt werden*
quaere-	+ -re-	+ -ntur	– *sie würden gesucht werden*

Merke: Der Konjunktiv Imperfekt sieht aus wie der Infinitiv Präsens Aktiv + Personalendung.

Achtung: Der Konjunktiv Imperfekt hat auch noch andere Funktionen, die du später lernen wirst. Dann muss er auf andere Weise übersetzt werden.

3 ★☆ **Bestimme bei allen Konjunktiv Imperfekt-Formen Person, Numerus und Genus. Gib auch den Infinitiv Präsens und die Bedeutung an.**

Tipp

Für den Irrealis der Vergangenheit verwendet man im Lateinischen den Konjunktiv Plusquamperfekt. Die Formen setzen sich im Aktiv folgendermaßen zusammen:

Perfektstamm	+ Moduszeichen -isse-	+ Personalendung	
vocāv-	+ -isse-	+ -m	– *ich hätte gerufen*
monu-	+ -issē-	+ -s	– *du hättest ermahnt*
invēn-	+ -isse-	+ -t	– *er/sie/es hätte gefunden*
cecid-	+ -issē-	+ -mus	– *wir wären gefallen*
fu-	+ -issē-	+ -tis	– *ihr wärt gewesen*
potu-	+ -isse-	+ -nt	– *sie hätten gekonnt*
volu-	+ -issē-	+ -s	– *du hättest gewollt*

Der Konjunktiv Plusquamperfekt Passiv besteht aus dem PPP und dem Konjunktiv Imperfekt von *esse*:

monitus, -a, -um essem – *ich wäre ermahnt worden*
monitī, -ae, -a essent – *sie wären ermahnt worden*

Achtung: Auch der Konjunktiv Plusquamperfekt hat noch weitere Funktionen, in denen er im Deutschen auf andere Weise wiedergegeben werden muss.

4 ★☆ **Verwandle die Formen im Konjunktiv Plusquamperfekt Aktiv in Passivformen und umgekehrt.**

accēpissent → ______________________

captae essēmus → ______________________

condidisset → ______________________

5 ★★ **Streiche in jeder Reihe die Form durch, die nicht im Konjunktiv steht.**

a) cōgitārem – cōnscius essem – cōnsīderem – cōnstantem

b) commīseris – contemneris – continueris – cōnsūmpseris

c) cōnferās – cōnservās – collocēs – cōnfiteāris

6 ★★ **Ergänze die fehlenden Angaben in der Tabelle.**

Beispiel: *vocet* → *3. Pers. Sg. Konjunktiv Präsens Aktiv*

Verb	Person und Numerus	Modus	Tempus	Genus verbi
maneat		Konjunktiv		
differrent		Konjunktiv		
tacuissēs		Konjunktiv		
relīqueritis		Konjunktiv		
taceantur		Konjunktiv		
putet		Konjunktiv		
habitārētur		Konjunktiv		
dēfenderit		Konjunktiv		
fingam		Konjunktiv		
adiūngerēminī		Konjunktiv		
amētur		Konjunktiv		
missī essent		Konjunktiv		
cesserimus		Konjunktiv		

5 Der Infinitiv

Tipp

Der Infinitiv, die Grundform eines Verbs, zählt zu den unbestimmten (infiniten) Formen. Er hat im Gegensatz zu den konjugierten oder finiten Verbformen weder Person noch Numerus.

Der Infinitiv Präsens Aktiv wird mit dem Präsensstamm und der Endung *-re* gebildet. In der konsonantischen und gemischten Konjugation wird zusätzlich der Bindevokal *-e-* eingefügt.

a-Konjugation:	laudā-re	- *loben*
e-Konjugation:	monē-re	- *ermahnen*
i-Konjugation:	audī-re	- *hören*
konsonantische Konjugation:	reg-e-re	- *lenken*
gemischte Konjugation:	cap-e-re	- *fassen*

1 ★☆ **Unterstreiche die Infinitive und schreibe die Konjugationsklasse dazu.**

superāre	putant	placēre	est
volumus	pūnīre	dīcere	crēdis
agere	properō	dare	dēbēmus

2 ★☆ **Ergänze mithilfe der Übersetzung die Verbformen und bilde den Infinitiv.**
Beispiel: *aspicis – du siehst an → aspicere*

cad ________ - wir fallen → ________

pūgn ________ - sie kämpfen → ________

vīv ________ - ich lebe → ________

iact ________ - ihr schleudert → ________

dēend ________ - er/sie/es verteidigt → ________

Tipp

Die a-, e- und i-Konjugation haben im Infinitiv Präsens Passiv die Endung *-ri*:

laudā-rī – *gelobt werden*
monē-rī – *ermahnt werden*
audī-rī – *gehört werden*

Die gemischte und konsonantische Konjugation haben die Endung *-i*:

cap-ī – *erfasst werden*
reg-ī – *gelenkt werden*

3 ★☆ **Welche Form ist kein Infinitiv Präsens Passiv? Unterstreiche sie und übersetze alle Wörter.**

a) docērī	vincī	legī	dulcī
________	________	________	________
b) dīcī	dīligī	ipsī	fallī
________	________	________	________
c) scrībī	dūcī	monērī	mundī
________	________	________	________

4 ★☆ **Aktiv oder Passiv? Ordne die Infinitive zu und übersetze sie.**

recipī – flēre – probāre – mōnstrārī – dormīre – agī –
āmittere – accipere – audīrī – dēlērī

	Infinitiv Präsens Aktiv	Infinitiv Präsens Passiv
a-Konjugation		
e-Konjugation		
i-Konjugation		
kons. Konjugation		
gem. Konjugation		

Tipp

Der Infinitiv Perfekt Aktiv setzt sich aus dem Perfektstamm und der Endung -isse zusammen.

laudāv-isse	– *gelobt haben*
monu-isse	– *ermahnt haben*
cucurr-isse	– *gelaufen sein*
rēx-isse	– *gelenkt haben*
cēp-isse	– *gefasst haben*

Der Infinitiv Perfekt Passiv wird mit dem Partizip Perfekt Passiv und *esse* gebildet.

laudātum, -a, -um esse	– *gelobt worden sein*
monitum, -am, -um esse	– *ermahnt worden sein*
audītum, -am, -um esse	– *gehört worden sein*
rēctum, -am, -um esse	– *gelenkt worden sein*
captum, -am, -um esse	– *gefasst worden sein*

5 ★☆ **Bilde den Infinitiv Perfekt Aktiv.**

mittere ______________ movēre ______________

nāvigāre ______________ dolēre ______________

esse ______________ posse ______________

velle ______________ īre ______________

6 ★★ **Ergänze die fehlenden Infinitivformen.**

Infinitiv Präsens Aktiv	Infinitiv Präsens Passiv	Infinitiv Perfekt Passiv
amāre		amātum, -am, -um esse
vidēre		
	ērudīrī	

1 Die fünf Konjugationsklassen und der Präsensstamm

1

a-Konj.	e-Konj.	i-Konj.
aedificāre	ārdēre	audīre
agitāre	augēre	aperīre

kons. Konj.	gem. Konj.
arcessere	afficere
agere	rapere

2 audit: i-Konjugation, er/sie/es hört;
labōrat: a-Konjugation, er/sie/es arbeitet;
gaudet: e-Konjugation, er/sie/es freut sich;
currit: konsonantische Konjugation, er/sie/es läuft

3 a) e-Konj. → dēlē-, b) a-Konj. → dēlectā-, c) i-Konj. → vincī-, d) kons. Konj. → pet-, e) kons. Konj. → reg-, f) a-Konj. → clāmā-, g) i-Konj. → aperī-, h) gem. Konj. → capi-, i) e-Konj. → manē-, j) gem. Konj. → cupi-

2 Das Verb im Aktiv

1 cantāre: cantātis; rapere: rapiō; fugere: fugis; dolēre: dolent; venīre: venit

2

a-Konjugation	Singular	Plural
1. Person	amō	amāmus
2. Person	amās	amātis
3. Person	amat	amant

e-Konjugation	Singular	Plural
1. Person	gaudeō	gaudēmus
2. Person	gaudēs	gaudētis
3. Person	gaudet	gaudent

i-Konjugation	Singular	Plural
1. Person	veniō	venīmus
2. Person	venīs	venītis
3. Person	venit	veniunt

(3. Pers. Pl.: Bindevokal -u-)

kons. Konjugation	Singular	Plural
1. Person	legō	legimus
2. Person	legis	legitis
3. Person	legit	legunt

(Bindevokal -i-, außer 3. Pers. Pl.: -u-)

gem. Konjugation	Singular	Plural
1. Person	rapiō	rapimus
2. Person	rapis	rapitis
3. Person	rapit	rapiunt

(3. Pers. Pl.: Bindevokal -u-)

3 timent: 3. Pers. Pl. – lūdimus: 1. Pers. Pl. – curris: 2. Pers. Sg. – intrātis: 2. Pers. Pl. – doleō: 1. Pers. Sg. – dēcipit: 3. Pers. Sg.

4

serva|t	er/sie/es rettet	→ a-Konj.
al|i|mus	wir ernähren	→ kons. Konj.
explē|tis	ihr erfüllt	→ e-Konj.
veni|ō	ich komme	→ i-Konj.
fug|is	du fliehst	→ gem. Konj.
parā|mus	wir bereiten vor	→ a-Konj.
quaer|ō	ich suche	→ kons. Konj.

5 a) servāre → servō → servāmus → servant → servātis → servās → servat
b) tacēre → taceō → tacēmus → tacent → tacētis → tacēs → tacet
audīre → audiō → audīmus → audiunt → audītis → audīs → audit
capere → capiō → capimus → capiunt → capitis → capis → capit

6 audiunt: i-Konj. 3. Ps. Pl., sie hören
clāmat: a-Konjugation, 3. Ps. Sg., er, sie, es schreit
sedet: e-Konjugation, 3. Ps. Sg., er, sie, es sitzt
vidētis: e-Konjugation, 2. Ps. Pl., ihr seht
labōrāmus: 1. Ps. Pl., wir arbeiten
sūmunt: konsonantische Konjugation, 3. Ps. Pl., sie nehmen

7 amābat, legēbam, vidēbat, servābās, capiēbāmus, servābātis, habēbāmus

8 relinquēbant: 3. Pers. Pl., sie verließen
veniēbās: 2. Pers. Sg., du kamst
capiēbam: 1. Pers. Sg., ich fasste
dabātis: 2. Pers. Pl., ihr gabt

9 a) currēbātis: ihr lieft; aperiēbāmus: wir öffneten;
monēbat: sie ermahnte; temptābās: du versuchtest;
respiciēbant: sie blickten zurück;
monēbam: ich ermahnte;
respiciēbat: er blickte zurück;
temptābāmus: wir versuchten;
currēbam: ich lief; aperiēbant: sie öffneten

b)

a-Konj.	e-Konj.	i-Konj.
temptābās	monēbat	aperiēbāmus
temptābāmus	monēbam	aperiēbant

gem. Konj.	kons. Konj.
respiciēbant	currēbātis
respiciēbat	currēbam

10 vident: vidēbant, sie sahen;
audīs: audiēbās, du hörtest;
perditis: perdēbātis, ihr verschwendetet;
errō: errābam, ich irrte (mich);
dīcō: dīcēbam, ich sagte;
cēdimus: cēdēbāmus, wir wichen (zurück)/gaben nach;
cadit: cadēbat, er/sie/es fiel;
capiunt: capiēbant, sie fingen/eroberten

11 a) iaciēbam, b) portābās, c) mittēbāmus, d) intrābātis, e) habēbat, f) dormiēbant

12 adiūv- → adiuv- → Dehnungsperfekt; iactāv- → iactā- → v-Perfekt; fēc- → fac- → Dehnungsperfekt (mit Ablaut); scrīps- → scrīb- → s-Perfekt; dēbu- → dēbē- → u-Perfekt; ascend- → ascend- → Stammperfekt; dīx- → dīc- → s-Perfekt

13 appāruit: u-Perfekt; trādidī: Reduplikationsperfekt; respēximus: s-Perfekt; adiūvistī: Dehnungsperfekt; dēfendērunt: Stammperfekt; temptāvistis: v-Perfekt

14 v-Perfekt: accūsāvit: er, sie es hat angeklagt
→ accusare
u-Perfekt: tacuērunt: sie haben geschwiegen
→ tacere
s-Perfekt: cēcessit: er/sie/es ist weggegangen
→ dēcēdere
Reduplikationsperfekt: fefellī: ich habe getäuscht
→ fallere
Dehnungsperfekt: effūgimus: wir sind entflohen
→ effugere
Stammperfekt: comprehendistī: du hast verstanden
→ comprehendere

15 audīvimus – wir haben gehört, potuit – er/sie/es hat gekonnt, ēgī – ich habe gehandelt, petīvistis – ihr habt verlangt, fēcērunt – sie haben getan, cucurristī – du bist gelaufen

16 a) contemnimus: 1. Pers. Pl. Ind. Präs. Akt.
b) movent: 3. Pers. Pl. Ind. Präs. Akt.
c) dēbēbās: 2. Pers. Sg. Ind. Imperf. Akt.
d) ascenditis: 2. Pers. Pl. Ind. Präs. Akt.

17 adiuvāre → adiūvī, ich habe geholfen, Dehnungsperfekt
cēdere → cessī, ich bin (weg-)gegangen/gewichen, s-Perfekt
habēre → habuī, ich habe gehabt, u-Perfekt
trādere → trādidī, ich habe übergeben/anvertraut, Reduplikationsperfekt
contendere → contendī, ich habe behauptet, Stammperfekt

18

Imperfekt	Perfekt
saepe oft	tum dann, darauf, da
iterum wieder	statim sofort
diū lange	subitō plötzlich
iterum iterumque immer wieder	tandem schließlich, endlich

19

Präsens	Imperfekt	Perfekt	Plusquamperfekt
tangit	tangēbat	tetigit	tetigerat
dīcitis	dīcēbātis	dīxistis	dīxerātis
fūgiunt	fugiēbant	fūgērunt	fūgerant
stāmus	stābāmus	stetimus	steterāmus
nōminō	nōminābam	nōmināvī	nōmināveram
monēs	monēbās	monuistī	monuerās

20 dēligō, ich wähle aus → dēlēgeram;
respondet, er/sie/es antwortet → responderat;
cēdent, sie werden weichen/weggehen → cesserant;
īnstituēbās, du veranstaltetest → īnstituerās;
trādimus, wir übergeben/vertrauen an → trādiderāmus;
currētis, ihr werdet laufen → cucurrerātis

21

audīverās	du hattest gehört
voluerant	sie hatten gewollt
cupīverāmus	wir hatten begehrt
laudāverātis	ihr hattet gelobt
cucurrerat	er/sie/es war gelaufen

dīxēras	du hattest gesagt
potuerant	sie hatten gekonnt
dēsīderāverāmus	wir hatten ersehnt
reprehenderātis	ihr hattet getadelt
steterat	er/sie/es war gestanden

22 a) occupāverās: du hattest eingenommen/ergriffen; coeperāmus: wir hatten begonnen; parāveram: ich hatte vor-/zubereitet; invēnerant: sie hatten gefunden; appellāverātis: ihr hattet angesprochen/(jmd. etwas) genannt; appāruerat: er/sie/es war erschienen

b) īnstrūxit: 3. P. Sg. Perf., er/sie/es hat angewiesen/unterrichtet/gebaut; condēbam: 1. P. Sg. Imperf., ich gründete; habēbant: 3. P. Pl. Imperf., sie hatten; rīsērunt: 3. P. Pl. Perf., sie haben gelacht; caeditis: 2. P. Pl. Präs., ihr tötet/schlachtet; regēmus: 1. P. Pl. Futur, wir werden regieren/herrschen

23

Präsens	Imperfekt	Perfekt	Plusquam-perfekt
adhibeō	adhibēbam	adhibuī	adhibueram
explēmus	explēbamus	explēvimus	explēverāmus
moveō	movēbam	mōvī	mōveram
dūcitis	dūcēbātis	dūxistis	dūxerātis
accipiunt	accipiēbant	accēpērunt	accēperant
parat	parābat	parāvit	parāverat

24 respondētis → respondēbitis, ihr werdet antworten; habitās → habitābis, du wirst wohnen; prōvident → prōvidēbunt, sie werden voraussehen/vorhersehen; temptō → temptābō, ich werde versuchen; appāret → appārēbit, er/sie/es wird erscheinen; timēs → timēbis, du wirst dich fürchten/Angst haben; dēsperāmus → dēsperābimus, wir werden verzweifeln

25

a-Konjugation	Singular	Plural
1. Pers.	cantābō	cantābimus
2. Pers.	cantābis	cantābitis
3. Pers.	cantābit	cantābunt

e-Konjugation	Singular	Plural
1. Pers.	habēbō	habēbimus
2. Pers.	habēbis	habēbitis
3. Pers.	habēbit	habēbunt

26

i-Konjugation	Singular	Plural
1. Pers.	mūniam	mūniēmus
2. Pers.	mūniēs	mūniētis
3. Pers.	mūniet	mūnient

kons. Konjugation	Singular	Plural
1. Pers.	mittam	mittēmus
2. Pers.	mittēs	mittētis
3. Pers.	mittet	mittent

gem. Konjugation	Singular	Plural
1. Pers.	rapiam	rapiēmus
2. Pers.	rapiēs	rapiētis
3. Pers.	rapiet	rapient

27 Futur-I-Formen sind: dēfendent – sie werden verteidigen, dēbēbitis – ihr werdet müssen/schulden, depōnam – ich werde ab-/niederlegen

28 cōgnōscō → cōgnōscam → cōgnōscēs → cōgnōscētis → cōgnōscitis → cōgnōscēbātis → cōgnōscēbant → cōgnōscent → cōgnōscet → cōgnōscit
servāmus → servābimus → servābāmus → servābātis → servābitis → servābis → servābō → servō → servat → servābat

29 habē-ba-t, habē-ba-nt, **I**mperfekt
exspectā-v-ī, exspectā-v-imus, **P**erfekt
exspectā-b-u-nt, exspectā-bi-t, **F**utur
audi-e-nt, audi-e-t, **F**utur
capi-e-t, capi-e-nt, **F**utur
ag-ē-ba-nt, agē-ba-t, **I**mperfekt

30 a) respondēbō: Futur I, b) curris: Präsens, c) gessimus: Perfekt, d) trādiderant: Plusquamperfekt

31

	Singular	Plural
1. Pers.	narrāverō	fefellerimus
2. Pers.	ēripueris	lēgeritis
3. Pers.	sēnserit	volverint

32

	Singular	Plural
1. Pers.	cucurrerō – ich werde gelaufen sein	cucurrerimus
2. Pers.	cucurreris	cucurreritis
3. Pers.	cucurrerit	cucurrerint

	Singular	Plural
1. Pers.	dēlectāverō – ich werde erfeut haben	dēlectāverimus
2. Pers.	dēlectāveris	dēlectāveritis
3. Pers.	dēlectāverit	dēlectāverint

Verwechslungsgefahr: Sie besteht bei der 3. Pers. Pl., die im Futur II auf -erint, im Perfekt auf -ērunt endet.

33 a) sum, es, est, sumus, estis, sunt
b) eram, erās, erat, erāmus, erātis, erant
c) erō, eris, erit, erimus, eritis, erunt

34 esse → Perfektstamm: fu-

Singular	Plural
fueram	fuerāmus
fuerās	fuerātis
fuerat	fuerant

35 a) potes, b) possumus, c) poterant, d) poterimus, e) possunt, f) potestis, g) potuit, h) potuerāmus

36 capiunt: volunt, capitis: vultis, capiō: volō, capis: vīs

37 a) potestis – vultis; potest – vult; possum – volō; possunt – volunt; potes – vīs; possumus – volumus
b) Sg.: volō – volam; vīs – volēs; vult – volet
Pl.: volumus – volēmus; vultis – volētis; volunt – volent

38 a) volō: 1. Pers. Sg. Ind. Präs., ich will, b) vult: 3. Pers. Sg. Ind. Präs., er/sie/es will, c) volēbāmus: 1. Pers. Pl. Ind. Imperf., wir wollten, d) volet: 3. Pers. Sg. Fut. I, er/sie/es wird wollen, e) vīs: 2. Pers. Sg. Ind. Präs., du willst, f) volēbant: 3. Pers. Pl. Ind. Imperf., sie wollten, g) vultis: 2. Pers. Pl. Ind. Präs., ihr wollt, h) volent: 3. Pers. Pl. Fut. I, sie werden wollen, i) volam: 1. Pers. Sg. Fut. I, ich werde wollen, j) volēbam: 1. Pers. Sg. Ind. Imperf., ich wollte

39 Imperfekt: ībās, ībat, ībāmus, ībātis
Futur I: ībis, ībimus, ībitis
Perfekt: iit, iērunt

40 īre: īs, eō, it, īmus, eunt
esse: erō, es, est, sunt, erunt

41

	Präsens	Futur	Imperfekt	Perfekt	Plusquamperfekt
esse	estis 2. P. Pl.	erimus 1. P. Pl.	eram 1. P. Sg.	fuistis 2. P. Pl.	fuerās 2. P. Sg.
posse	possum 1. P. Sg.	poteris 2. P. Sg.	poterant 3. P. Pl.	potuērunt 3. P. Pl.	potuerat 3. P. Sg.
īre	it 3. P. Sg.	ībunt 3. P. Pl.	ībant 3. P. Pl.	īstī 2. P. Sg.	ierātis 2. P. Pl.

42 a) eunt: iērunt, b) volēs: volueris, c) sumus: fuimus, d) eris: fueris, e) poteram: potueram, f) volēbant: voluerant, g) erātis: fuerātis, h) ībunt: ierint, i) īs: īstī, j) vīs: voluistī, k) ībam: ieram, l) potest: potuit, m) poterō: potuerō, n) vultis: voluistis

43 sum → eram → erat → erant → fuērunt → fuimus → fuistis → erātis → erās
potest → possunt → potuērunt → potuistis → potuistī → poterās → poteram → poterāmus → potuimus

44 essēs; īrem; posset; vellēmus; possent; īret; essētis; vellēs

45 a) currite: lauft!/rennt!; vocā: rufe!; audīte: hört!; scrībe: schreibe!; portāte: tragt!; dūc: führe!; cōnsīdite: setzt euch hin!; respondē: antworte!
b) curre!; vocāte!; audī!; scrībite!; portā!; dūcite!; cōnsīde!; respondēte!

3 Das Verb im Passiv

1 a) iactātur, er/sie/es wird geschleudert
b) rīdēris, du wirst ausgelacht
c) monēminī, ihr werdet gewarnt
d) mūtantur, sie werden verändert
e) audiuntur, sie werden gehört
f) videor, ich werde gesehen
g) urgentur, sie werden bedrängt
h) pūnīris, du wirst bestraft
i) vocāmur, wir werden gerufen
j) invenior, ich werde gefunden

2 rapiuntur: 3. Pers. Pl., sie werden geraubt – exspector: 1. Pers. Sg., ich werde erwartet – tangiminī: 2. Pers. Pl., ihr werdet berührt – scrībitur: 3. Pers. Sg., er/sie/es wird geschrieben – vincimur: 1. Pers. Pl., wir werden besiegt – reperiuntur: 3. Pers. Pl., sie werden gefunden – vidēris: 2. Pers. Sg., du wirst gesehen (oder: du scheinst)

Lösungen

3 pellimur: wir werden vertrieben; opprimeris: du wirst unterdrückt; mittuntur: sie werden geschickt; dēfenditur: er/sie/es wird verteidigt; accipiminī: ihr werdet aufgenommen

4 a) rogor, ich werde gefragt, b) trāditur, er/sie/es wird übergeben/es wird überliefert, c) mittimur, wir werden geschickt, d) commovēminī, ihr werdet bewegt

5

a-Konjugation	Singular	Plural
1. Person	amor	amāmur
2. Person	amāris	amāminī
3. Person	amātur	amantur

e-Konjugation	Singular	Plural
1. Person	teneor	tenēmur
2. Person	tenēris	tenēminī
3. Person	tenētur	tenentur

i-Konjugation	Singular	Plural
1. Person	reperior	reperīmur
2. Person	reperīris	reperīminī
3. Person	reperītur	reperiuntur

kons. Konjugation	Singular	Plural
1. Person	dūcor	dūcimur
2. Person	dūceris	dūciminī
3. Person	dūcitur	dūcuntur

gem. Konjugation	Singular	Plural
1. Person	rapior	rapimur
2. Person	raperis	rapiminī
3. Person	rapitur	rapiuntur

6 a) salūtābāmur, wir wurden begrüßt
b) vincēbātur, er/sie/es wurde besieg
c) depōnēbāntur, sie wurden abgelegt,
d) dēcipiēbāris, du wurdest getäuscht,
e) neglegēbāminī, ihr wurdet vernachlässigt

7 mittābar: ich wurde geschickt; aperiēbātur: er/sie/es wurde geöffnet; clāmāris: du wirst gerufen; obsidēbāris: du wurdest belagert; capiēbātur: er/sie/es wurde gefangen; exspectābāmur: wir wurden erwartet; pellēbāris: du wurdest vertrieben; dēfenduntur: sie werden verteidigt; dabātur: er/sie/es wurde gegeben; dēlectāminī: ihr werdet erfreut; quaerēbāminī: ihr wurdet gesucht; inveniēbāmur: wir wurden gefunden; monēris: du wirst ermahnt

8 accipiēminī (ihr werdet aufgenommen werden)
excitāberis (du wirst aufgeschreckt werden)
iaciētur (er wird geworfen werden)
vincēmur (wir werden besiegt werden)

9

a) fallor	ich werde getäuscht
b) expellēmur	wir werden vertrieben werden
c) aedificātur	es wird erbaut
d) dīmittiminī	ihr werdet weggeschickt
e) dēlectābit	sie wird erfreuen
f) dēdūceris	du wirst weggeführt du wirst weggeführt werden

10

Präsens	Imperfekt	Futur I
admittor dūcuntur dēlētur	vocābāmur pōnēbātur cōnspiciēbar	accipientur violāberis prohibēbiminī

11 cantāre → cantātus, -a, -um; explēre → explētus, -a, -um; audīre → audītus, -a, -um; mūtāre → mūtātus, -a, -um; rapere → raptus, -a, -um

12

Infinitiv	expōnere	solvere	terrēre
PPP	expositum	solūtum	territum
Bedeutung	aussetzen	zahlen, bezahlen	erschrecken

Infinitiv	audīre	perturbāre	capere
PPP	audītum	perturbātum	captum
Bedeutung	hören	verwirren, in Unruhe versetzen	fangen, ergreifen, erobern, gefangen nehmen

Infinitiv	colligere	recitāre	accēdere
PPP	collēctum	recitātum	accessum
Bedeutung	sammeln	vorlesen	sich nähern, herbeikommen

13 victum: vincere – siegen
vinctum: vincīre – fesseln
inventum: invenīre – finden
initum: inīre – hineingehen, anfangen
factum: facere – tun
frāctum: frangere – brechen
doctum: docēre – lehren
ductum: dūcere – führen
coniūnctum: coniungere – verbinden
coniectum: conicere – (zusammen-)werfen, folgern

14 a) vocātī sunt, sie sind gerufen worden
b) irrīsae sumus, wir sind verspottet worden
c) damnātus es, du bist verurteilt worden,
d) dēfēnsī estis, ihr seid verteidigt worden
e) dēlēta est, sie ist zerstört worden
f) salūtātus sum, ich bin gegrüßt worden

15 a) receptus est, er ist aufgenommen worden
b) facta sunt, sie sind gemacht worden
c) positī erant, sie waren gestellt worden
d) pulsus es, du bist vertrieben worden
e) oppressī erātis, ihr wart unterdrückt worden

16 oppidō expūgnātō – hostēs victōs – operis perfectī – verbīs dictīs – litterās scrīptās

17

	Aktiv	Passiv
Präsens	audēmus, wir wagen → audēre	dēlectāris, du wirst erfreut → dēlectāre
Futur I	appellābō, ich werde nennen/ansprechen → appellāre	terrēbuntur, sie werden erschreckt werden → terrēre
Imperfekt	putābās, du glaubtest → putāre	relinquēbāminī, ihr wurdet zurückgelassen → relinquere
Perfekt	rūpērunt, sie sind zerbrochen worden → rumpere	factī sunt, sie sind gemacht worden → facere
Plusquam-perfekt	oppresserātis, ihr hattet unterdrückt → opprimere	dīvīsī erāmus, wir waren geteilt worden → dīvīdere

18 vincis → vinceris; vidētur → videt; trādēris → trādēs; rīsus est → rīsit; servābāmus → servābāmur; fallēminī → fallētis; monitī erant → monuerant; vocābunt → vocābuntur; excitāvistī → excitātus, -a, -um es; mīserāmus → missī, -ae, -a erāmus; inveniēbam → inveniēbar; audīmur → audīmus; redduntur → reddunt; pulsa sum → pepulī

19 Plusquamperfekt:
victus, -a, -um eram, ich war besiegt worden; vīsitātus, -a, -um erās, du warst besucht worden; servātus, -a, -um erat, er/sie/es war gerettet worden; expulsī, -ae, -a erāmus, wir waren vertrieben worden; trāductī, -ae, -a erātis, ihr wart hinübergeführt worden; sollicitātī, -ae, -a erant, sie waren beunruhigt worden
Futur II:
amātus, -a, -um erō, ich werde geliebt worden sein; dēfectus, -a, -um eris, du wirst getäuscht worden sein; ēductus, -a, -um erit, er/sie/es wird herausgeführt worden sein; convocātī -ae, -a erimus, wir werden versammelt worden sein; circumdatī, -ae, -a eritis, ihr werdet umzingelt worden sein; inductī, -ae, -a erunt, sie werden veranlasst worden sein

4 Der Konjunktiv im Aktiv und Passiv

1

Irrealis der Gegenwart	Irrealis der Vergangenheit
ich wäre ihr würdet helfen sie würde singen du würdest tun	du hättest getan wir wären gewesen sie hätten geholfen er hätte gesungen

2 Konjunktive: Veniat quis. Fīat. Mē hortētur.

3

intellegeret:	3. P. Sg. Akt., intellegere, bemerken, einsehen, verstehen
vincerēmur:	1. P. Pl. Pass., vincere, siegen, besiegen
nōminārem:	1. P. Sg. Akt., nōmināre, nennen
venīrēs:	2. P. Sg. Akt., venīre, kommen
fugerētis:	2. P. Pl. Akt., fugere, fliehen
respondērent:	3. P. Pl. Akt., respondēre, antworten
mitterēminī:	2. P. Pl. Pass., mittere, schicken, wegschicken; gießen; werfen

4 accēpissent → acceptī, -ae, -a essent; captae essēmus → cēpissēmus; condidisset → conditus, -a, -um esset

5 Keine Konjunktive sind:
a) cōnstantem, b) contemneris, c) cōnservās

6

Verb	Person und Numerus	Modus	Tempus	Genus verbi
maneat	3. Pers. Sg.	Konjunktiv	Präsens	Aktiv
differrent	3. Pers. Pl.	Konjunktiv	Imperfekt	Aktiv
tacuissēs	2. Pers. Sg.	Konjunktiv	Plusquam-perfekt	Aktiv
relīqueritis	2. Pers. Pl.	Konjunktiv	Perfekt	Aktiv
taceantur	3. Pers. Pl.	Konjunktiv	Präsens	Passiv
putet	3. Pers. Sg.	Konjunktiv	Präsens	Aktiv
habitārētur	3. Pers. Sg.	Konjunktiv	Imperfekt	Passiv
dēfenderit	3. Pers. Sg.	Konjunktiv	Perfekt	Aktiv
fingam	1. Pers. Sg.	Konjunktiv	Präsens	Aktiv
adiūngerēminī	2. Pers. Pl.	Konjunktiv	Imperfekt	Passiv
amētur	3. Pers. Sg.	Konjunktiv	Präsens	Passiv
missī essent	3. Pers. Pl.	Konjunktiv	Plusquam-perfekt	Passiv
cesserimus	1. Pers. Pl.	Konjunktiv	Perfekt	Aktiv

5 Der Infinitiv

1 superāre: a-Konj. – placēre: e-Konj. – pūnīre: i-Konj. – dīcere: kons. Konj. – agere: kons. Konj. – dare: a-Konj.

2 cadimus – wir fallen → cadere;
pūgnant – sie kämpfen → pūgnāre;
vīvō – ich lebe → vīvere;
iactātis – ihr schleudert → iactāre;
dēfendit – er/sie/es verteidigt → dēfendere

3 a) docērī – belehrt werden, vincī – besiegt werden, legī– gelesen werden, <u>dulcī</u> – süß (Dat. Sg. m./f./n. von dulcis, -e)
b) dīcī – gesagt werden, dīligī – geliebt werden, <u>ipsī</u> – selbst (Dat. Sg. m./f./n. von ipse, -a, -um), fallī – getäuscht werden
c) scrībī – geschrieben werden, dūcī – geführt werden, mōnēri – ermahnt werden, <u>mundī</u> – der Welt (Gen. Sg. m. von mundus, -i)

4

	Infinitiv Präsens Aktiv	Infinitiv Präsens Passiv
a-Konjugation	probāre – billigen	mōnstrārī – gezeigt werden
e-Konjugation	flēre – weinen	dēlērī – zerstört werden
i-Konjugation	dormīre – schlafen	audīrī – gehört werden
kons. Konjugation	āmittere – verlieren	agī – getan werden
gem. Konjugation	accipere – annehmen	recipī – zurückgenommen werden

5 mittere: mīsisse – movēre: mōvisse – nāvigāre: nāvigāvisse – dolēre: doluisse – esse: fuisse – posse: potuisse – velle: voluisse – īre: īsse

6

Infinitiv Präsens Aktiv	Infinitiv Präsens Passiv	Infinitiv Perfekt Passiv
amāre	amārī	amātum, -am, -um esse
vidēre	vidērī	vīsum, -am, -um esse
ērudīre	ērudīrī	ērudītum, -am, -um esse